조 둥례

어처구니 사랑

애지시선 025
어처구니 사랑

2009년 4월 27일 초판 1쇄 발행
2011년 8월 6일 초판 3쇄 발행

지은이 조동례
펴낸이 윤영진
기 획 유용주 이정록 손세실리아
편 집 함순례
디자인 함광일 이경훈
홍 보 한천규
펴낸곳 도서출판 애지
등록   제 2005-5호
주소   300-170 대전광역시 동구 삼성동 125-2 4층
전화   042 637 9942
팩스   042 635 9941
전자우편 ejiweb@hanmail.net

ⓒ조동례 2009
ISBN 978-89-92219-19-8 03810

* 저자와의 협의에 의해 인지를 생략합니다
* 이 책 내용의 전부 또는 일부를 재사용하려면 저자와 애지 양측의 동의를 받아야 합니다
* 이 책은 2008년 경기문화재단 창작지원금을 받았습니다

애지시선 025

어처구니 사랑

조동례 시집

□ 시인의 말

오라,

네게 납치당하겠다

내게 남은 건 목숨 뿐

이 세상 끝에서 만나지 말자

허물어도 허물어도

허물어지지 않는 영혼의 집에서

삶에 대하여 더 이상

자백할 게 없을 때

나의 급소를 겨냥하여 오라

다시 처음처럼 사랑하겠다

2009년 봄 꽃뜨락에서
조동례

차례

시인의 말　005

제1부
각자　013
봄산　014
물들어간다는 것은　016
낙화 유감　017
어처구니 사랑　018
무위　020
촉촉함에 대하여　021
사하촌에 얽힌 이야기　022
그대에게 가는 길　024
가을 산사에서　025
일생　026
초심　028
도를 묻다　029

제자리의 힘　030
배　032

제2부

꽃부터 피고 보자　035
늦은 봄　036
주암댐에서　038
나에게 따귀를 맞다　040
당당한 배후　042
칡넝쿨이 일어서는 법　044
헛꽃　045
사랑과 집착 사이　046
이 시대의 무정란　048
해전에 지은 죄　050
파종　052
택배　054
점심을 먹다　056
벌레　058
탱자나무울타리　060

제3부

그냥이라는 말　063
곰곰의 끽　064
부레옥잠　066

불발탄 068
달맞이꽃 070
초봄 072
빈 배 074
觀心 075
다시 피는 꽃을 위하여 076
갈대 077
입춘 078
순한 가시 080
생매장 082
산 083

제4부
나를 찾아서 087
문득 088
안심법문 090
너무 어린 날 092
한 마리 소가 093
우울 한 켤레가 겨울을 건넌다 094
분재장미 096
생의 거처 098
맨발로 산에 오르며 100
너에게 103
이정표 104

너도바람꽃 105
피아골에서 106

해설 | 송태웅 107

제1부

각자

눈 감으니 어둡고
눈 뜨니 환하다

눈을 믿지 말아라

꽃 피니 기쁘고
꽃 지니 슬프다

생각을 믿지 말아라

마음 한번 여닫음에
세상이 뒤바뀌는 이치

覺自 할 일이다

봄산

비 갠 아침 새싹 터지는 봄산은
뜨거운 수컷이다
계곡마다 물줄기 굵기는 다르지만
제 몸에 닿는 뿌리마다 발화점 삼아
초록물 불끈불끈 지피고 싶은 마음
이파리 하나 걸치지 않고
화끈하게 피어 있는 봄꽃이 아니더라도
오줌발 굵은 날은 저절로 뜨거워
명분없이 헤어진 것들을 부르고 있다
그렇지, 저 무조건적인 순리 앞에
헤어지지 말자라는 말이 무슨 소용이겠는가
헤어지자라는 말 또한 무슨 소용이겠는가
만나고 헤어지고 만나고 헤어지고
山수유나무도 무덤 하나 받아
봉분 가장 부드러운 속살에 뿌리를 대고
죽음을 빨아 먹고 있다
죽음을 깊이 받아들일수록

지상으로 솟구치는 숨결들
헤어지자라는 말도
헤어지지 말자라는 말도
봄산에서는 통하지 않는다

물들어간다는 것은

물들어간다는 것은
마음 열어 주변과 섞인다는 뜻이다
섞인다는 것은
저마다의 색을 풀어 닮아간다는 것이니
찬바람이 불 때마다
밀었다당겼다 밀었다당겼다
닫힌 마음이 열릴 때까지
서로의 체온을 맞춰가는 것이다
태양이 어둠을 받아들이는 것도
봄꽃이 사람들을 밖으로 불러내는 것도
마음이 닮아가는 것이고
마음이 닮았다는 것은 편하다는 것이고
편하다는 것은
너와 내가 하나가 되었다는 것이다
네가 아프면 곧 내가 아프다는 것이다

낙화 유감

꽃이 해마다 제 빛깔로 피는 것은
잊혀지지 않으려는 간절함 때문이다

꽃이 해마다 제 모양으로 피는 것은
스스로 피어 스스로 지는 까닭이다

꽃이 해마다 제 향기로 피는 것은
다시 피어도 마음 바꾸지 않은 까닭이다

시방세계
종잡을 수 없이 피고 지는 사람아
아는가 꽃이 꽃이되는 힘은
외로움을 견디는 일이라는 것을

어처구니 사랑

벼랑 앞에 서면
목숨 걸고 누군가를 사랑하고 싶다

마이산 탑사 앞
암벽을 끌어안은 능소화 또한
아무도 받아 줄 이 없는 절박함이
벼랑을 끌어안을 힘이 된 것이리라

매달리는 사랑은 언제나 불안하여
자칫 숨통을 조이기도 하지만
실낱같은 뿌리마저 내밀어
지나간 상처를 받아들여야
벌어진 사이가 붙는 거라며

칠월 염천 등줄기에
죽음을 무릅쓴 사랑꽃 피었다
노을빛 조등弔燈 줄줄이 내걸고

제 상 치르듯
젖뗀 잎들은 바닥으로 보내며
생의 절개지에 벽화를 그리는 그녀

목숨 걸고 사랑한다는 것은
살아서 유서 쓰는 일이다

무위

만남을 生이라 하면
헤어짐은 死라 하겠지요
만나고 헤어지는 생사의 간극에서
물 한 잔 건네던 이여
만남에 매이지 않고
이별에 뒤돌아보지 않으며
가도 가도 불생불멸이니
있다고 하는 것에도 속지 말고
없다고 하는 것에도 속지 말고
나라고 하는 너에게도 속지 말라며
항상 소식 없는 이여
오는 이도 가는 이도 없는 마음밭이라서
희망이 生이라면
절망은 死라 하겠지요
사람의 목숨은 호흡하는 사이에 있다는데
그대에게 눈먼 나는
그대가 가고 나니 그대가 보이더라

촉촉함에 대하여

내가 잠든 어둠을 틈 타 첫눈은 내렸다
모든 첫눈의 흔적은 발기를 부르는지

고향 상사화 꽃 진 자리
불끈 푸른 축이 솟아 있다
시들어 쓰러진 밑둥마다
부활을 꿈꾸며 돌진하는 새순이여
밭갈이만 잘해도 밥은 굶지 않는다는
아침밥상 앞 아버지 말씀처럼
모든 부활은 폐허에서 오는 것

부처도 뾰족한 수가 없었다던
모든 출세의 배경은 촉촉하다

사하촌에 얽힌 이야기

 파계사 가는 길목 불심 깊은 모녀가 살았다지요 그 모녀 지극정성 스님 한 분 시봉하였는데요 하늘은 티없이 맑고 붉나무잎 저절로 달아오른 가을 어느 날 어머니가 딸에게 넌지시 말했다지요 오늘은 산기운 맑으니 스님에게 법문 한 자락 청해 보거라 뜻밖의 제안에 달뜬 처자 옷매무새 잘 갖추어 길을 나섰더래요 파계사 에돌아 무문암 가는 길 간간이 놀라 달아나는 산비둘기와 옷깃에 풀잎 스치는 소리 은근히 길을 재촉하는데요 마음 앞세워 암자에 이른 처자 가쁜 숨 가다듬어 정중히 삼배 올려 한 말씀 기다리는데요 평소에 입담 걸죽하기로 소문난 스님인지라 조심해라 조심해라 어머니 당부도 데리고 왔는데요 기다리면 가지 않는 게 시간인지라 어색한 분위기 모면하느라 진땀나는데요 아는지 모르는지 끊어질 듯 이어지는 약숫물 소리만 태연하게 흐르는데요 짐짓 무심하던 스님 돌아서더니 대뜸,

 이 큰 물건이 그 작은 구멍에 들어가기나 하겠느냐!

다소곳이 앉아 한 말씀 기다리던 처자 놀라 기겁하여 박차고 내려와 음탕하기 그지없는 사연을 고하는데요 뜻밖에도 어머니 입가엔 조심照心스런 미소가 번지더래요

그 큰 법문이 네 작은 말귀에 들어가겠느냐고!

그대에게 가는 길
― 쌓다 만 탑을 위하여

오늘도 당신 앞에 엎드리지 못 하였나이다
천지간에 나 홀로 귀한 줄은 알았으나
당신의 존귀함을 미처 몰랐나이다
이제 얻을 것도 잃을 것도 없는
비어 가난한 마음 안에서
오오래 기다리신 이여
눈 감으면 사방이 당신에게 가는 길인데
눈 뜨면 캄캄하게 사라지는 것은
마음 아직 어두운 까닭입니다
사람을 사랑하는 일이
사람을 용서하는 일이라면
머뭇거리지 않겠나이다
생사를 가로질러
미리 기다리신 당신으로 인해
불안과 불만도 사라졌나이다
오늘도 사소한 일에 홀려 당신을 잊고 산 죄
마음 백 근이옵니다

가을 산사에서

마음 비우고 몸 낮추는 오체투지로
아직 놓지 못한 목숨 하나가
오대산 적멸보궁 모퉁이 돌아가네
돌아가시면 돌아오지 않을 생의 끝을
잡았는가 놓았는가

적멸보궁 벽을 허물면
안과 밖이 비어 가득한데
머물러 온 것도 아니면서
마음 내외가 몸을 섞는다
일정한 체위도 없이
몸 닿는 대로 섞이는 저 허공의 마음!

비우고 비워도
티끌 같은 목숨은 남아
거슬러 올라간 계곡 내려오면서 듣네
낮은 곳으로 몸 섞으러 가는 물소리

일생

아침 공양 마치고
포행 나온 해
강물에 빠져 있네
사대육신 어르는
저, 넉살 좀 봐
물결 간들간들 하룻밤 꼬드기네

사실 앉아가나 서서가나 걷다가나 누워가나 목적지는 매한가지인데 출근길 달리는 버스 안에서 사람들 안절부절이다 신문보는사람 누군가와전화하는사람 문자메시지 탁구치는사람 흐린창문닦아바깥보는사람 예상문제푸는사람 서류뭉치보는사람 이어폰꽂고눈감은사람 깜빡깜빡 조는사람 아예 세상모르고코골며자는사람 전후좌우로 출렁거리며 버스는 달리고 용케도 목적지 호명에 따라 허겁지겁 내린다 그들도 저마다 되돌아올 꿈이 있겠지 잠에 취해 종점에서도 내리지 않는 저 사내 깨울까 말까 일정한 직업도 없이 무심코 나도 여기까지 오고만 것인데 운

전기사도 안타까운지 혀를 끌끌 찬다

  어떤 수행승은 마냥 기다리기 답답하여
  산 채로 항아리에 들어가
  나오는 문을 봉해버렸다는데
  이도저도 못하는 난
  집으로 돌아갈 차편이나 알아보려는데
  주머니에서 전화기가 진동한다

초심

타다 만 몽당양초는
어머니의 손가락입니다

심중의 말씀을
낱낱이 베껴 쓰느라
닳고 닳아진 육필입니다

간절히 타는
어머니의 마음을
읽는 자만이
해독 가능한 기도문

그것을 시로 쓰기 위해
심지에 불을 붙이는데
아서라,
마음의 불부터 끄라 하십니다

도를 묻다

그는 왜 흔들리는 깃발을 보고
흔들리는 것이
바람도 아니요 깃발도 아니라고 했을까?

그에게 악수를 청한다
나는 오른손을 내미는데
그는 왜 한사코 왼손을 내밀까?

주는 마음과 받는 마음이
궁극을 비껴가는데

흔들리는 마음에
미끼 없는 낚시를 드리우는
그는 지금 어디에 있는가

제자리의 힘

아침 먹고 나가면 저녁상 앞에야 앉는 그 남자
언제나 똑같다고 생각하는 남자
먹다 남긴 반찬과 빈그릇과 떨어진 밥풀을 치워야
아침상이 저녁상으로 차려지고
해장국도 고춧가루 넣을 때가 있고 맑게 끓일 때가 있다는 걸
단지 해장국만 아는 남자
바퀴달린 의자에서 수다가 진을 치고 간 날에도
제자리에 앉아 있는 게 세탁기이고
냉장고는 돈으로 채운다고 생각하는 남자
닦고 돌아서면 쌓이는 게 먼지이고
아침에 깔려있던 이불도 몸을 털고 다시 깐 것이라는 걸
알아도 모르는 남자
열 번 틀어도 똑같은 목소리로 부르는 테잎처럼
십년이 지나도 그대로일 거라고 믿고 있는 남자
화분에서 꽃이 피어도 시들어도
이유를 감쪽같이 속아주는 남자

돌아오면 받아주는 제자리의 힘을 아는
나갔던 문으로 들어오는 그 남자

배

능파교 지나 일주문에 배 한 척
나는 누구인가 스스로 던진
밧줄에 매여 몸부림 치고 있다

나를 버리고
삼천대천 떠돌고 싶겠지
보이지 않는 저 밧줄을
끊을 수 있는 건 번개뿐이라는데
종일 비가 내려도 뜨지 않는 배

제2부

꽃부터 피고 보자

꽃부터 피고 보자

봄볕 숨막히는 삼월 청명산
아직 바람의 향방을 타진하는
빈가지 무성한데
모든 의심을 버리고
꽃부터 피고 보자, 노오란 생강나무꽃

추운 문들 여느라
생장점에 불러들인 영혼으로
저리 진한 향기
제가 붙들고 살아가야 할 것이
무엇인지를 아는 것이다
돌아보면 강 하나 건너는 일도
찰나의 연속일 뿐이니
모든 생은
꽃부터 피고 볼 일이다

늦은 봄

혼자다 사랑도 가고
혼자가 혼자에게 편지를 쓴다
뻐꾸기도 혼자 가야 하는 늦은 봄인데
울지 마라 혼자가 혼자가 아니라고
누군가가 네 아픔으로 아파할지 모른다
밤새 저를 비워 나를 쓰러뜨린 술병처럼
비울수록 외로운 게 너뿐이겠느냐
온몸으로 울고 온몸으로 아파서
울음은 울음이 아니게 하라
아픔은 아픔이 아니게 하라
네 몸이 무덤이 되어도
홀로 가는 길 영산홍 더욱 붉다

돌아보면
술보다 독한 게 사랑이더라
사랑보다 독한 게 바람이더라
지독한 것은 사람 목숨이더라

목숨 같은 뜨거운 눈물은 남아서
눈물 같은 시는 흘러서
낮은 풀꽃 피우리니
혼자는 혼자가 아니게 하라

주암댐에서

경사진 둑길
모서리가 날카로운 돌이 있다
몸 하나에 몇 개씩의 모서리를 달고
크고 작은 내가 모여 있다
모서리를 모서리로 받쳐야 할 불안한 길 위에
누가 부려 놓았을까
깨지고 쪼개지며 내는 주장 저리 날카로우니
어쩌면 세상이 솎아내고 싶었는지도 모른다

모서리여
뜨거운 첫마음이여
함부로 신음 뱉지 말아라
세상 무엇과도 부딪친 적 없는
생것 그대로다
마악 깨친 날카로움이다

제 주장 버리고

눈치껏 닳고 닳으면
보성강인들 막지 못하겠는가
섬진강인들 막지 못하겠는가
흐르는 물 속에서
돌멩이로 굴러온 삶이여
깨지고 쪼개지는 아픔이 없다면
흐르지 못한 물은 무엇으로 품겠는가

나에게 따귀를 맞다

따귀를 맞았다
불을 끄고 잠을 청하는데
안면부위를 집중 공격하는 모기 한 마리
수십 계단을 올라와 나는 집주인이 되었고
그놈은 잠시 세들어 살러 왔겠지만
안면몰수 휘젓고 다닌다
다가가면 피하고 포기하면 공격하고
어둡다는 건 저나 나나 공평한데
번번이 내가 때리고 내가 맞는다
이만한 일로 잠을 설칠 순 없어
벌떡 일어나 불을 켜 보니
모기는 자취 없고 얼굴만 벌겋다
일방적으로 맞고도 아프지 않다니!
내가 나를 때린 것도 드문 일이지만
이렇게 너그러운 것도 처음이다
모든 용서는 내 경험으로부터 온다는 걸
내가 나에게 맞고 보니 알겠다

지금껏 내 생의 적들도
영혼의 불을 켜면 사라지고
불을 끄면 공격해 왔다

당당한 배후

 정육점과 담 사이 고양이 한 마리 때늦은 밥상을 앞에 두고 온몸에 힘을 뺀 채 엎드려 있다 하마터면 밟을 뻔한 밝은 것도 어두운 것도 아닌 새벽 세 시 무언가 잰 동작이 순간 걸음을 멈추게 한 것인데 나아갈 수도 물러설 수도 없는 적막이 흐르고 상대는 한 발짝도 비켜 줄 기미가 없다 찰 테면 차보라는 듯 쫓을 테면 쫓아보라는 듯 죽여도 좋다는 듯 죽어도 찍소리 않고 죽겠다는 듯 머리를 조아리고 어깨를 늘어뜨린 채 비좁은 외길을 점령하고 있다 몸에 경계를 푼다는 건 체념이거나 도주를 대비한 가장 강한 용기일 터 나는 볼 일이 그에게 있는 게 아니어서 표정에 힘을 빼고 발소리 낮춰 아슬아슬 스쳐가다 경계를 하는 듯 푸는 듯한 녀석은 대체 두려움을 알기는 아는 걸까 궁금하여 슬쩍 담 뒤에 붙어 지켜보는데 그때였다 쪼르르 차 밑에 숨어 있던 새끼 세 마리 어미 품으로 달려오다 안겨보지도 못하고 다시 차 밑으로 쪼르르 갔다 다시 오고 다시 숨고 어미와 새끼 사이 숨가쁜 암호가 오가는 사정거리 안에서 먹다 만 밥이 식어가고 있었다 아뿔싸

저 거만하리만치 당당한 어미의 막강한 배후가 막 눈 뜬 새끼였다니!

칡넝쿨이 일어서는 법

어쩌다 네 곁에
뿌리 내리게 됐지만 굴참나무야
혼자서는 설 수 없는 넝쿨이기에
너를 붙들고 오르고 싶어
네 몸 거칠어 정 붙일 곳 없다지만
중심에 흐르는 물소리 따라
나선의 아득한 길 타고 오르니
부드러운 만남이 되지 않겠는가

밑바닥 기며 살다보니,
네게 향한 굴절이 함께 쓰러지는 길일지라도
질긴 끈 하나 맺고 싶어
얼음장 같은 세상에도
추울수록 감싸가며 일어서는
결코 얼지 않는 길이 있다는 걸
사람과 사람에게 전하고 싶어

헛꽃

흐린 날이면
헤픈 웃음으로 사람들 불러들여

남의 엉킨 머리 해결하느라
제 머리 엉켜 가는 줄 모르는 그녀
되로 받으면 말로 퍼 주어야 성에 차는 그녀
하루만 쉬어도 병이 난다는 그녀
세상 물정 몰라도 땀 흘린 댓가는 아는 그녀
그래서 가위만 잡으면 신들린 듯 해치우는 그녀
속이 문드러지도록
사람을 믿은 죄 밖에 없는 그녀
국민학교 졸업장보다 미용사 자격증이 더 큰 그녀
들어가는 문과 나가는 문이 하나인
주공미용실 그녀

꽃이면서
꽃인 줄도 모르는 그녀

사랑과 집착 사이

남들은 이가 나기 시작하면
젖을 떼야 한다고 당부하는데
마땅히 줄 게 없던 나는 차마
아이가 돌이 지나도록 젖을 물렸다
왼젖을 빨릴 땐 오른젖을 손에 쥐어주고
오른젖을 빨릴 땐 왼젖을 손에 쥐어주었다
세상을 거머쥔 듯 어미를 독차지한 아이의 눈빛
그윽히 바라보던 나도
세상을 품 안에 안아보던 순간이어서
젖통이 쪼글쪼글 비워지기를 기다리던 때가 있었다
다 비웠구나 안심하던 찰나 자지러질 듯 비명이 터지고
배가 부를 대로 부른 아이는
제법 자란 앞니로 젖꼭지를 덥썩 깨물어 놓고
도리어 환하게 웃고 있었다
그 어이없는 능청에 나도 온통 웃고 말았는데

그렇다

필요할 때 무조건 주는 게 사랑이라면
필요 이상으로 주는 건 집착이다
나는 세상에게
너무 오래 젖을 물리고 있었던 것이다
부드러운 혀 속 어딘가에
부질없는 날선 이빨이 숨어 있는 줄도 모르고
"진즉 뗄 걸"

이 시대의 무정란

태풍 몇 개 지나간 초가을 한낮
개새끼 좀만한새끼 씹새끼야 —
스물 남짓 청년이 머리 허연 경비아저씨에게 퍼붓는 일방전이다
밀면 밀리고 치면 맞고 욕하면 듣고 있는 경비아저씨를
몰려온 사람들이 감싸고돌며
니는 애비도 없냐? 거드는 한마디에
펄펄 날뛰는 저 청년의 분노가 왠지 다르다
혹, 애비 없는 설움이 북받쳤거나
애비와 등돌리고 산 처지가 괴로워
좀처럼 오지 않는 새벽을 기다리다
마땅히 갈 곳 없던 차에
누군가 건드려 주기를 은근히 바랐을지도 모를
저 일방적 분노를 무엇으로 끌 것인가
벽에 머리를 찧으며 스스로 분노를 다스려야 하는
한창 때가 누군들 없겠는가마는
트럭 몰고 빈자리 전전하는 저 청년의 분노나

분노마저 묵묵히 바래 앞이 보이지 않는
경비실 내부의 막막함이나
어둡기는 마찬가지라며
승자도 패자도 없이 해가 저문다
경비실 문틈에선 긴 담배연기가 뿜어져 나오고
오기와 패기도 지독한 욕으로 절여진
단지 내 알뜰시장에선
태풍에 떨어진 풋과일들이
떨이를 기다리며 시퍼렇게 떨고 있다

해전에 지은 죄

바람도 주무시는 이른 아침
산길을 걷는데
쓰러진 풀잎이 발목을 건다
어림없는 상대에게
온몸으로 저지하는 저도 뜻이 있으려니
걸음을 멈추고 돌아보니 알 것 같다

무심한 발길로 촘촘한 안개이불 헤쳐
나무와 새들의 단잠을 깨우고
그바람에 알 품은 어미들 바짝 긴장시킨 일
단지 내 앞길에 얼쩡거렸다는 이유만으로
시퍼런 모가지 무참히 꺾어 버린 일
찔레꽃이 한껏 머금은 이슬을
순식간에 엎질러 버린 일이 한두 번 아니다
뿐인가 앞만 보고 걷느라
일 나가는 개미들의 길을 단번에 막은 일
또한 밤잠 설치며 기워 놓은

거미의 밥줄을 줄줄이 끊고도
상처하나 없는 이마로
두리번두리번 햇살 찾던 일

해전에 오르느라
나도 모르게 무시한 길을
쓰러진 풀잎이 일깨워 준다
날 밝으면 스스로 비켜 줄
아, 하산길에야 보이는 것들

파종

잡초 제거하는 일로
한평생 살아오신 어머니
늦은 봄
뜬금없이 내 글밭에 오시네
뿌린 글씨 밴가 성근가
글고랑 행갈이는 적당한가
가문 땅 가꾸던 호밋날로
군말 돋는 즉즉 솎아 주시네

반나절이면
수십 평도 거뜬하던 호미걸음이
왠지 자주 멈추네
손수건만 한 원고지에 갇혀
세상 사는 게 더딘
딸내집에 와 걸리는 게 많아
한숨 깊은 쉼표만 쏟아놓고 가시네

나른한 단잠 깨어난 봄날
어머니 다녀가서 젖은 글밭엔
무슨 말을 심어야 기운 나실까

택배

 제발 그만 좀 하시라니까요 가만히 앉아서 전화 한통이면 서울이 아니라 팔도 안방까지 갖다준다니까요 오천 원이면 차비 반도 안 되니까 착불로 하시면 된다니까요 이제 답답한 세상 그만 좀 사시라니까요 돈만 있으면 얼마든지 사 먹을 수 있다니까요 듣는 둥 마는 둥 천리 길 달려온 어머니 택배는 집에 들어서자마자 짐을 부리시더니 주섬주섬 꺼내주는 서비스까지 잊지 않으신다 아이, 요것은 들깬디 이놈은 느그 묵고 이놈은 막내 것 이놈은 다섯째네 거기가 맴에 걸린다마는 똑같이 쌌다 요것은 콩인디 당산밭에 심었더니 예사 많이 열었어야 요놈은 고춧가루 참깨 돈부 내 몸 쓰면 먹을 것이 천진디 아무리 시상이 좋아졌다고 내 손만 허것냐 글고 손이 허전허믄 맴도 허전해서 못 쓴다 아이, 작은 짐도 풀어야제 쑥떡이 오늘 새벽에 해서 먹을만 할거다 요것은 들깻잎 상추 취나물 쑥 똑같이 쌌다 야튼 의좋게 살아야 쓴다 방앗잎 한 줌 있는디 솔 넣고 전 한번 부쳐 묵어라 묵잘 것도 없는 것이 덩치만 오살나게 커야 워매―인자 시원타 갈 때는 개볍게 가것구나

갈 때는 가볍게 가겠구나!
그 흔한 말이 예삿말로 들리지 않는 날이다
어머니의 생은 어디쯤 배달되었을까

점심을 먹다

 일년 농사 짊어지고 아직 덜 지은 자식농사 지으려 부모님 대처로 떠난

 늦가을 고향 빈집에 와서 밥을 먹는다 속찬 것들 팔려 가고 물짠 배추 드문드문 남겨진 당산밭에서 한 포기 뽑아 숙지나물과 겉절이와 쌈을 싸 먹는데 숭숭 구멍난 이파리들

 생각해 보니 벌레가 먹다 만 밥을 내가 먹고 있다 수많은 벌레들 오늘 저녁 끼니 걱정 들겠구나 이파리 구멍에서 쌀독 긁는 소리 들린다 들판에 떨어진 이삭과 감나무 꼭대기에 남긴 홍시와 새참 전 고수레, 보이지 않는 아버지 식솔들 있었으니 그 마음 헤아려 보면

 불혹이 지난 나이에
 돈 되는 일도 없이 와서
 부모님 양식을 축내는 내 마음에는
 얼마나 지독한 농약을 쳤기에
 점심 마치도록

뜯어먹을 벌레 한 마리 얼씬거리지 않는가
지난 세월은 이미 지나가서 잡을 수 없고
오지 않은 세월은 아직 오지 않아서 잡을 수 없으니
그래서 어머니는 點心을 정심 먹으라고 하신 걸까

벌레

네모난 도마 위에 풋고추를 썬다
맵찬 푸른물이 썰리면서
뭉툭 잘려 나간 벌레 한 마리
놀라 팽개치고 돌아보니
아, 너도 숨기고 싶은
징그러운 아픔이 있었구나

네 몸통만 한 구멍 하나 내기 위해
엎드리고 엎드려 밀고 왔을 세상
지하도 입구에서 너를 보았다
세상의 무관심으로 너는 대담해졌고
건드려서는 안 되는 징그러움만
배짱으로 남아 꿈틀거렸다

애초에 너와 나
먹고 먹힐 관계도 아니면서
하필 칼 앞에서 만나

한번 외면이 치명적이었던 그 사람처럼
네 앞길이 절단나고 말았구나

저녁시간은 다가오는데
도마를 벗어나지 못한
토막난 풋고추와 벌레를
쓰레기통에 넣을 일만 난감하게 남아 있다

탱자나무울타리

 여덟 번째 탯줄을 자르던 날 아버지는 당산밭에 감나무를 심으면서 둘레에 탱자나무 모종을 심으셨지요 감나무도 탱자나무도 너무 어렸던지라 제 뿌리 내리느라 여념 없었는데요 술 취한 아버지 귀가가 늦어지면서 당산나무 그늘도 깊어져 오며가며 지켜보던 사람들 언제 크까이- 언제 크까이- 그 말 영락없이 감나무 넘보는 말로만 들려 그때부터 탱자나무는 키 클 생각보다 가시만가시만 울창했지요 시퍼렇고 독살스럽게 내민 가시 그러나 안개 한 점 뚫지 못한 여린 신분이었다지요 나날이 세상을 넘보는 감나무 지척에 두고도 다가가지 못한 탱자나무는 가시와 가시 사이에 꽃피우고 가시와 가시 사이에 열매 맺어도 상처가 없는 건 가시는 가시를 겨냥하지 않는 이치라고 고백하는데요 아버지는 짐짓 탱자나무 웃순만 쳐내시고요 저런, 살아도 살아도 가시밭길이네요 감나무 세상에 팔려나간 빈자리 안팎 경계가 분명해지면서 끝내는

 스스로 뛰어넘어야 할 가시밭길울타리 되었다지요

제3부

그냥이라는 말

그냥이라는 말
참 좋아요
별 변화없이 그 모양 그대로라는 뜻
마음만으로 사랑했던 사람에게
전화를 걸어 난처할 때
그냥 했어요 라고 하면 다 포함하는 말
사람으로 치면
변명하지 않고 허풍 떨지 않아도
그냥 통하는 사람
그냥이라는 말 참 좋아요
자유다 속박이다 경계를 지우는 말
그냥 살아요 그냥 좋아요
산에 그냥 오르듯이
물이 그냥 흐르듯이
그냥이라는 말
그냥 좋아요

공공의 적

차도와 아파트 사이
포크레인이 벽을 허물고 있다
한때는 바람막이라 믿었던 벽이
무너지는 순간에도
이상하다 폭력도 저항도 없다
벽 너머에 길이 있다는 걸 저들은
공중에 살면서 알게 된 것이리라
차는 끊임없이 오고 가고
젊은 남녀는 채 무너지지 않은 벽에 기대어
아직도 나를 사랑하니?
묻고 묻는다
사내가 담뱃불을 끄고 남은 벽을 밀자
우루루 아이들 흙장난이 한창이다
딱히 감추거나 내세울 것도 없는
벽이 허물어진 자리
비로소 안과 밖이 완벽했다

올 겨울 들어 가장 춥다는 날이었다

부레옥잠

주머니엔 공기를 담고
평생 물 위에 떠돌며 살아야 한다
어디에서 와서 어디로 가는지
피도 눈물도 아닌 물에 목숨 걸었다

머무르고 싶은 순간마다
땅에 닿지 않으려
깊은 만남을 절제하는 뿌리들
가진 것 없이 떠도는 삶에도
생이 뒤집히지 않는 것은
비워 가벼운 공기주머니 때문인데

가벼운 삶에는
뼈가 없구나
가지가 없구나
피눈물 말라가도
목마른 적 없구나

남의 허물 뒤집어쓰며
몸 나투어 물을 정화하더니
초록이 타는 한여름 어느 날
비로소 드러난 은둔이여
공기주머니 하나에
생사를 여읜 수행자가
습득한 연보랏빛 해탈꽃

불발탄

한번의 폭발을 위해 태어났으나
누군가가 던져주지 않으면
평생을 썩어가는 고통으로 살아야 한다
단단함에 부딪치지 않으면
스스로는 터질 수 없는 천형이어서
부딪치기 위해 단단한 몸이여

강물이 뱉어놓은 모래밭에 떨어졌다
마을장정들 산속으로 피신하던 전쟁통
마을로 돌아와 자잘한 목숨 살리느라
단단함이 부드러움에 착지한 아버지
살아도 사는 것이 아니었다고

한번의 부딪침으로
신음없이 사라진다는 건
얼마나 오만한 당당함이냐!

언제 터질지 모를 불발탄이
내 안에도 있다
던져라, 생존을 벗어난 이념은 없다
살고 싶다면 가능한 멀리!

달맞이꽃

이슬에 눈 씻어가며
한데서 피어 있는 저 꽃들

저 일가족, 전재산 다 털어 피었구나
뜬눈으로 지새우다보면 어둠도 환해질 거라고
납품날짜까지만 지지 말자고
한 달치 깔더라도 떼이지 않은 게 어디냐고
깡으로 배짱으로 밀어붙이고 있다
내일은 기다림이 아니라 다가가는 것이라고
목울대 치미는 말 꾹꾹 눌러가며
불안이 불안을 위로하는 것도 잠시
밀린 이자 독촉하듯 잠은 쏟아지는데
그래도 저들의 잠을 쫓는 건
주먹이고 눈물이고 밥이지 않겠는가

하늘 좀 봐
오늘밤 야식은 보름달이구나

어둠 속에서 피었으니
그래, 끝장이 아니고 역경이다

초봄

비구니 수행도량 봉녕사 뜨락
지칠 줄 모르고 치솟는 분수에
봄볕 자지러진다
동안거 끝난 민들레 한 송이
토굴 밖 나오다 그만
낯뜨거워 낯뜨거워 노오랗다
무심히 바라보던 나도 문득 낯뜨거워
분수 에돌아가는데
아뿔싸, 분수의 배후가 무지개라니!

실성한 여자가 자판기 앞에 앉아
외면하는 꽃샘바람에 발끈한다
종교도 남자랑 같은 것이야!
대적광전 비로자나불 들을세라
비구니 서넛
북 치는 연습에 여념 없는데

오늘도 내 마음의 행로는
출가도 가출도 아닌 길에서
봄볕과 실성한 여자와 비구니 틈에서
그래, 종교도 남자랑 같은 것이야
알 듯 말 듯 중얼거리며
大雄전 찾아가는 봄, 정오

빈 배

 갈라설라고 했으먼 애저녁에 갈라섰어야제 새색시 적엔 뭣모르고 살았고 살다 봉께 새끼들 땜시 살고 참말로 갈라서야제 작심헝께 묵고 살 것이 캄캄허고 참고 산 것이 억울헌 것도 억울허지만 막상 끊을랑께 걸리는 것도 징허게 많습디다 시나브로 이어질 대소사에 바닥 다 돼 가는 된장 고추장 짐치통은 또 어쩔 것이여 맴 편헌 것이 젤이제 싶어 독헌 맴 묵었다가도 그래도 한솥밥 묵은 것이 어디냐 싶고 숟가락 밥그럭조차 식구들맹키로 아슴찬허니 눈에 밟히드랑께 속이 뒤집히고 천불이 났다가도 나라고 잘헌 것만 있것냐 고로코롬 내맴 내가 다둑거림서 내 불은 내가 끄고 살았제 댓잎 같은 등쌀에도 바둥바둥 이골이 나드랑께 그것도 정이라고 저 화상 어디서 따순밥 한 그럭이라도 얻어 묵것냐 싶은 것이 한쪽으론 짠헌 맴도 듭디다 인자 자슥들도 적제금 밥묵고 살만헝께 맴에서 내놓고 살라요 속엣 것 죄 내놓고 산께 신간 편허드랑께 속도 속이지만 그냥저냥 살다보먼 안 살아지것소?

觀心

어제 피지 못한 꽃
오늘 피었고

어제 만난 당신
오늘 볼 수 없네

같은 하늘 아래 있어도

피고 지는 때
저마다 다르니

지금 할 수 있는 말은
당신을 사랑했습니다
당신을 사랑합니다
당신을 사랑하고 싶습니다

다시 피는 꽃을 위하여

앞산 무덤 가 연두빛 새순 보다가
오래 잊고 산 이름 하나 떠올라
눈물이 벚꽃처럼 터지려는데
언제 피었을까 노오란 꽃다지
작아 행여 잊혀질까봐
봄마다 한 번씩 피는 것인데
봄이 가고 봄이 와도
나는 누군가를 위해 꽃 피우지 못하고
너무 오래 기다렸다
그렇구나 꽃 피우는 일은
때를 기다리는 것이 아니라
잊혀지기 전에 누군가에게 다가가
일생을 거는 일이구나
하여 세상의 저 꽃들
질 줄 알면서 다시 피는 이유
잊혀지지 않으려는 깃발임을 알겠다

갈대

저 홀로 쓰러지고
저 홀로 일어서는 갈대에게
흔들리고 있다고 말하지 말라
꺾이고 싶어도 꺾일 수 없는
유순한 천성이 서러워
온몸으로
걷잡을 수 없는 바람을
끊임없이 베어내고 있는 것이다
이별하는 일이
베어도 도로 붙는 물 같은 일이지만
자칫 제 몸에 상처 날 일이지만
갈대가
이쪽저쪽으로 기울어보는 것은
제 나름대로
살 길을 모색하는 몸부림인 것이다

입춘

실버타운 연못가
휠체어와 유모차가 나란히 멈춰 있다
자원봉사자와 젊은 엄마도 나란히 멈춰 있다

할머니, 좋으세요?
흘러간 그 옛날의 내님을 싣고
떠나간 그 배는 어디로 갔나—
마른 꽃대 같은 할머니 손을
들었다 놓았다 들었다 놓았다 자원봉사자의 손길이
노 젓는 사공 같다
바퀴 달린 배 한 척
햇살 따라 굴러온다는 게 하필 연못 끝이라니
풍기문란죄로 살아있음을 과시하기도 했던 그녀
의식이 혼미해지면서 아무도 묶어두지 않았으나
밖으로 드나들던 구멍마다 죄 막혀
빗방울조차 스며들지 못하는 몸은
죄도 싣고 용서도 싣고

스스로 사공이고 배가 되었다
알고보면 죄가 미운 것도 사람이 미운 것도 아닌데
왜 가야할 곳이 정해진 저승꽃은
씨방도 향기도 피마르는 고통인가
햇살공양 잘 드신 마른 대궁에서
투두둑 기침소리 쏟아진다
놀라 잠깬 아이 울음소리가
유모차를 힘껏 민다

순한 가시

저기
어두울수록 빛나는 선한 꽃이 있다

언제 두었는지 기억조차 희미한
검정 비닐봉지 속 감자 몇 개
앞이 보이지 않는 날들에 갇혀
겨울을 나는 게 어디 너뿐이랴만
어둠 한 점 상처내지 않고
어둠을 감지하는 점자지팡이처럼
살아야겠다는 일념 잃지 않았구나
바람도 햇빛도 없이
시퍼렇게 눈 뜬 싹을 보니
길눈마다 가시다
그러나 마음 한곳 찌르지 못하는
어둠에 길들어 저 순한 가시는
가시가 아니다, 꽃이다
흙으로 돌아갈 때를 놓친 건

저나 나나 마찬가지이지만
생은 어디에서나 스스로의 것

하여 제 안의 독을 풀어 피운
어두울수록 빛나는 선한 꽃이다

생매장

유리진열장 랩에 싸인 바지락
삶과 죽음 사이에 납품되어 있다
숨죽인 삶에는
희망도 절망도 뿌리가 잘렸으니
슬픔도 분노도 더 이상 자라지 않아도 돼
지나가는 손가락들 생사를 쿡쿡 찔러
치욕의 상처를 파헤쳐도
끊임없이 꿈틀대며 거래를 기다리는 거야
생의 매장에서
저마다 부여받은 바코드만큼 살다
목적지에서 팽팽한 긴장이 터지면 그뿐
더 이상 뜨거운 생각으로 밖을 보지 마
신선도는 감쪽같이 투명한 랩에 싸여 있으니까

그것이 만일 내 문제라면
삶과 죽음 사이에 꽂힌
인공호흡기를 뺄 것인가 말 것인가

산

당신을 안기엔 내가 너무 작아
당신에게 안기려 내가 다가갑니다
<u>오르고 오르면</u>
당신 품이려니 생각했는데
다가갈수록
바라보던 당신 보이지 않고
낯선 잡목만 무성합니다

당신 품에 있어도 당신 볼 수 없으니
더 오를 무엇도 없어
바라보던 곳으로 돌아서는데
오르던 길은 우거져 보이지 않고
내 안의 그리움만 산이 되었습니다
무장무장 커가는 산이 되었습니다

제4부

나를 찾아서

기르던 사과나무에 꽃이 지거든
미련 없이 여행을 떠나라
꽃을 피웠던 힘으로 사과는 열릴 것이니
쓰다만 편지는 가슴에 쓰고
오지 않은 시간에 대해
누구와 약속도 하지 말아라
산그림자가 마을을 보듬는 저물녘
가슴에서 별이 지거든
용서할 일은 흐르는 강물에 풀어
누구나 괴롭지 않은 사람은 없다고 귀띔해 주어라
산봉오리 징검다리삼아 건너던 걸음이
느티나무 아래 민박 들거든
낯선 바람에게 길을 물어라
가장 투명한 말로 답할 것이니
기다림이라는 시간에 속지 말고
사과꽃이 다시 피기 전에
미련 없이 여행을 떠나라

문득

무에 그리 궁금한 게 많은지 할머니
부처님과 마주앉아 몇 시간째 좌담 중이다
눈을 감고도 부처님이 보이는지
이따금 머리를 조아리며
굽은 허리 더 굽혀 합장한다
경내를 다시 돌아보고
한 마디 얻어들을까 귀를 모아도
도무지 막막하여 돌아서는 순간
와르르 적막을 깨는 소리 따라가 보니
손 안에 굴리고 굴리던 염주줄 끊어졌는지
매여 있던 염주알 낱낱이 흩어졌다
매인 것은 살살 다루어야 풀리는 법인데
내 탓이다 내 탓이다 할머니
굴러간 염주알 찾느라 야단법석이고
마음 둘 곳 없어 절집 겉돌던
나는 내 이마를 쳤다
백팔번뇌가 줄 하나 끊고 맺음에

달려 있었다니!

안심법문

스님, 마음이 없다고 하셨지만
마음이 있다는 거 나는 알아요
막상 꺼내보라 하면 할 수 없지만
애야, 너무 멀리 나가 놀지 말아라
그때 어머니 말씀 등지고
고개 넘고 다리 건너간 그놈을 알아요

마음이 너무 많아 헤플 때도 있어요
보고 싶다 전화 오면 하던 일 제치고 달려가
벼린 말에 베이기도 하는 그놈
외딴나무 그늘에서 하루를 탕진하고 돌아와
흐르는 강물 앞에서 마른 눈을 헹구는 그놈
지나가다 빈집을 보면
아픈 데도 없이 아프다 아프다 하여요

일어났다사라지고 일어났다사라지고
알아요, 마음을 없애는 것도 마음이라서

마음이 없다는* 스님 말씀이 맞다는 것을
그런데요 병문안 갔다온 오늘은
분명히 마음이 아파요

* 중국 혜가 스님이 스승인 달마에게 마음이 불안하니 편안하게 해달라고 하자 불안한 마음을 가져오라고 하니 볼 수도 만질 수도 없어 불가득이라고 한 데서 유래.

너무 어린 날

아홉 살 때였습니다
한밤중 소란에 잠 깨어 밖을 내다보는데
사립문 밀치며 들어오시는 아버지 등에
사지가 축 처진 사람은 할아버지였습니다
아, 그때 갓 벗은 상투를 처음 본 것인데
사람들 분주하고 마을 엄숙하더니
학교 파하고 돌아오는 길
상여꽃 너울너울 고개 넘어가는 동구에선
백일홍 같은 연기가 치솟았습니다
한평생 목을 맸던 갓과 목걸이 걸고 싶었던
그 유혹적인 갓끈의 노오란 호박 구슬이
불구덩 속에서
미련없이 미련없이 타는 것을 보았습니다
할아버지와 갓과 호박구슬이 연기 속에서
어디로 사라졌는지 내내 잠을 설쳐도

다만 빈방이 생겨서 좋았습니다

한 마리 소가

당신 마음 들판에
잠시 나들이 나온
나는 한 마리 소

끝없이 깔린 여유를 뜯다
깜빡 해지는 줄 몰랐네
날 어두워
돌아갈 길 찾는데
내 마음에
새풀 돋는 당신

먹어도 먹어도 다시 돋는
그리운 풀이여
언덕이여

우울 한 켤레가 겨울을 건넌다

열 번 이사 끝에 자리 잡은 둥지의 햇살을
새로 쌓은 담이 가리고 있다

기류를 벗어난 철새 한 마리
필경 둥지의 꿈에 이끌려 여기까지 왔겠지만
전생에 압류된 생이 아직 풀리지 않은 것인지
생의 독촉이 한쪽 날개에 꽂히던 날
다른 한쪽이 먼저 비행을 포기했다
어쩌란 말이냐 버둥거려도 균형이 잡히지 않아
머뭇거리는 동안 눈은 쌓이고 쌓여
이웃으로 은행으로 가는 길을 감쪽같이 지워버렸다

모든 기도는 길 밖으로 튕겨나가고
스스로 살아야 할 소유권만 남자
매서운 칼바람에도 눈물은 뜨거웠다
모든 기억의 사슬을 벗고
심심하게 돌고 있는 저 노인처럼

둥근 공원을 돌고 있는 나도
체념이 돌고 돌면 마음도 둥글어지겠지
살아온 빚을 청산한다는 건
어쩌면 가벼움의 힘으로 소멸하는 눈발 같은 것
돌아갈 여비도 못 되는 근심을 털고
잎진 나무로 세상을 돌아보니
창문 하나가 바람처럼 비어 있다
들어오라는 깃발인가?

분재장미

아파트 베란다로 들어오게 된
관상용 장미는 기분 째진다
변두리 전전하며 살아온 그녀도
때맞춰 피던 습성 어느 새 사라지고
모진 맘 없이도 꽃이 피었다

통 큰 식성부터 자르고 잔뿌리만으로
생사가 목전일 때만 물을 마셔야 해
모두 잠든 한밤중에도 쑥쑥 커나가면 안 되지
마음대로 팔 뻗다 보면
여지없이 가위질 당할 테니까
무관심 두려워
스스로를 전지해야 하는
시선에 끌려 이룬 기형이여

지금 밖에는
바람도 없이 꽃이 피고

지금 그녀 안에는
바람도 없이 꽃이 진다

그래도 햇살 좋은 날이면
창문 쪽으로 창문 쪽으로 놓여지고 싶은
식물인간이여

생의 거처

들숨
날숨
다하여
저 많은 생 길러내고
비닐하우스 입구에
탑으로 쌓인 연탄재

잘 살아온 열아홉 뼈가 흰하다

이 세상으로 출하되어
한 사람의 절망도
일으키지 못한 채
내 피에 내가 데어
이미 산이 된 나여

들숨
날숨

다하여

해지기 전에

나를 넘을 수 있겠느냐!

맨발로 산에 오르며

1.

장맛비 개고
월경도 끝물이고
하여, 산에 간다
몸이 알아들었는지 똥이 마렵다
마저 버리고 비우고 가란 신호겠지
한결 가벼운데 전화가 진동한다
어디 가요?
산에요
근데 왜 이렇게 시끄러워요?
버스 안이라서요
산에 간다면서요?
산에 가요
지리산 하늘아래 첫동네 산다는 그가
말문이 막혔는지 전화를 끊는다
버스를 타야 산을 만나는 나도 말문이 막혔다

2.
빗물 지나간 흔적이 갑골문자 같다
시작도 끝도 알 수 없는
시간의 실마리를 찾는 혁명의 주체로
갑골은 문자가 되었으리라
신발을 벗고 양말을 벗고
문자를 거슬러 걷는다

맨발로 시작하여
젖은 길도 걸어보고
자갈길도 걸어보고
비탈길도 걸어보지만
두렵다
장마새에 무성한 가시밭길이
어디쯤에 숨겨져 있을지

3.
벗어 든 신발을
길가 빈의자에 잠시 올려두고
나라고 하는 나를 본다
내 몸에서 나고 자라
통증없이 잘려나간 손발톱이여 머리카락이여
지금은 없는 내것들이여
사람이 죽는 것도 보고
사람을 낳아보기도 하였으나
맨발로 종일 걸어도
내가 태어난 것도 못 보고
내가 죽는 것도 못 보고
시종 나는 나를 알 수 없는 것인가

4.
이마에 흐르는 땀을 닦으며
하산길에 공기밥을 먹는다

너에게

아직은 시퍼런 밤송이
짓이겨 꺼내려 마라
네게 줄 건
가시 찔린 상처 뿐
알차면
저절로 열리리라

이정표

산과 산길 사이에 있었다

그가 제시하는 길은
앞뒤가 없어서
나아갈 곳도 없다
물러설 곳도 없다
좌우가 없어서
속도가 없다
거리가 없다

산 자와 죽은 자 사이는
속 터지게 고요하다
애 터지게 제자리다

쫓길 일도 쫓을 일도 없는 오늘
비로소 두 길의 끝을 아는 너에게
지극히 못 박혀버렸다

너도바람꽃

너와 헤어지고 돌아오는 길
조팝꽃이 이팝꽃으로 바뀌었을 뿐
길은 그대로더라
외롭기로 작정하면
이팝꽃인들 보내지 못하겠는가
이별은 언제나
누군가를 기다리는 힘이 되었고
타는 초록에 몸 먼저 열릴 때도 있으니
모든 가능성을 허공에 열어두고
잡히는대로 매달려 사는 덩굴손처럼
삶이란
가는 길이 오는 길이더라
오는 길이 가는 길이더라
공개할 수 없는 사랑도 사랑이어서
나를 사랑했던 너도
이 생에 잠시 들른 너도바람꽃이더라

피아골에서

산 높아 깊은 골짜기
밥줄 끊고 서릿발 깔고 앉아
다시는 꽃 필 일 아니다 동안거 들더니
산 넘어 햇살 찾아와
- 당신 참 향기로워요 - 하자
금새 서리 풀려 다급한 계곡 물소리
어디 가나- 어디 가나- 했더니
패인 곳마다 들러
질펀하게 볼 일 보고 있는 부처여
꽃이 피고 싶다고 피더냐
꽃이 지고 싶다고 지더냐

□ 해설

피안에 닿기 위하여

모든 이론은 회색이요, 오직 푸르른 것은 저 영원한 생명의 나무다
― 괴테

송태웅(시인)

　조동례 시인에 대해 처음 얘기를 들은 건 평소 친하게 지내는 선배 시인으로부터였다. 순천 출신으로 외지에 있다가 이번에 귀향했는데 시가 참 좋다고 했다. 그러더니 얼마 지나지 않아서 그 선배가 전화를 하더니 조동례 시인의 시집 발문을 써 달라는 거였다. 천성이 모질지를 못하고 더욱이나 그 선배 시인의 애독자 중 한 사람으로서 차마 거절을 못 하고 덥석 승낙을 하고 말았다.
　무거운 숙제가 떨어졌다. 겨우 시집 한 권으로 간신히 문단에 명함을 내민 내게는 너무도 난감하고도 무거운 숙제가 아닐 수 없었다. 조동례가 누군지나 알아야 면장이라

도 해 먹지. 그래 조동례 시인이 운영한다는 순천 '꽃뜨락'에 몇 번 출입하면서 탐색을 해보려 했다. 나와 갑장인 소띠에다가 첫인상은 기름기 없는 얼굴이 채식주의자의 그것처럼 보였다. 얼굴 어딘가에 나무그늘 같은 응달을 가진 사람. 말수는 적으나 꼭 할 말은 있는 것 같은 얼굴. 그리하여 나직이 지나가는 바람소리 같아도 발걸음을 멈추고 돌아보게 하는 얼굴이었다.

조동례의 첫 시집 원고 『어처구니 사랑』은 꼭 그러한 조동례의 시들로 모여 있었다. 나직나직 전해오는 말들은 꼭 요즘의 봄바람처럼 꽃그늘을 거쳐 코에 맡아져 오고, 잠시 쉬었다 가는 여울물처럼 적정한 폭과 깊이가 느껴졌다. 내가 발문을 써야 하는 숙제를 여름철 황소 불알 늘어지듯 늘이빼자 손수 담근 막걸리 한 잔 차려와 마시게 하더니 숙제 좀 하씨요 잉, 하는 사람 좋아 보이는 타박을 해 온달지.

조동례 시집 『어처구니 사랑』은 이 세상에 또 한 사람의 시인이 막 태어나면서 내는 포효이다. 가끔 서점에 들르게 되면 시 코너는 그냥 눈 감고 건너뛰게 된다. 거의 쏟아지다시피하는 저 엄청난 시의 분출은 괜히 나 자신마저도 저 '시의 공해'의 공범자로 인식하게 만들기 때문이다. 이 시대에 시는 무엇이고, 시인은 누구인가? 이 질문 앞에 자유로울 자가 과연 몇이나 될까? 그리고 서정시마저도 들쩍지근한 설탕물로 코팅되어서 소비자(독자가 아니라)들의 구

미에 맞아야만 상품으로 포장되는 이 지독한 투기의 시대에 시는 강남 버블세븐 지구의 아파트하고 다를 게 무엇인가?

조동례는 신인이다. 이 시집이 잉크 냄새를 풍기면서 수줍게 세상에 나올 때에라야 조동례는 '시인'이라는 명함을 앞에 달게 될 것이다. 물론 시를 쓰지 않아도 얼마든지 시인일 수 있고 한 편의 시조차 발표하지 않은 사람들이 소위 시인보다 훨씬 시인다운 향기를 풍기는 사람들을 만나게 되기도 한다. 이것은 시라는 것이 따로 존재하는 것이 아니기 때문에 시인이라는 것도 문단의 어디쯤에 가야 만나게 되는 것이 아니라는 것이다. 시는 어디에든지 있다. 조동례는 그러한 시를 쓰는 사람이다.

소위 시라는 것을 앞세우지 않기 때문에 조동례의 시에는 거의 치장이 없다. 언어적 치장도 없고 정서의 분장도 없다. 화장품 냄새가 전혀 나지 않는다. 오히려 백석의 시편 어딘가에서 맡아져오는 '가지취의 냄새'가 조동례의 시에서 느껴진다. 그의 시가 선 자리는 불경소리가 들리는 대웅전 앞마당이 아니라 불경소리가 절집의 담을 넘어서 밭고랑을 일구거나 나물캐던 아낙네가 돌아가는 돌다리 위쯤에 머무는 것 같다.

    비 갠 아침 새싹 터지는 봄산은

뜨거운 수컷이다
계곡마다 물줄기 굵기는 다르지만
제 몸에 닿는 뿌리마다 발화점 삼아
초록물 불끈불끈 지피고 싶은 마음
이파리 하나 걸치지 않고
화끈하게 피어있는 봄꽃이 아니더라도
오줌발 굵은 날은 저절로 뜨거워
명분없이 헤어진 것들을 부르고 있다
(중략)
헤어지자라는 말도
헤어지지 말자라는 말도
봄산에서는 통하지 않는다

― 「봄산」 부분

"봄산은 뜨거운 수컷이다"라는 매우 솔직하면서도 도발적인 언술은 조동례 시의 중요한 개성을 규정짓는다. 그런데 흔히 이러한 언어적 선택은 다른 여성 시인들에게 낭비적으로 탕진되는 경우가 많았다. 여성으로서의 존재성이 남성의 성적 파트너로서만 인식되어오던 중세적 굴레를 이러한 도발적인 표현으로 파괴하려고 했던 것이다. 그런데 이러한 언어적 전략은 스스로가 전근대적 이분법으로부터 자유로울 수 없는 모순을 내포하게 된다. 부러지던

여성의 성이 그 부려짐을 종식하고 드디어 성의 주체로 서리라는 것을 읽을 땐 그 전근대성 때문에 아무래도 불편하게 느껴지기도 했다. 조동례의 시에 등장하는 성적인 비유들은 '남성 여성'이라는 '지배 피지배'의 역사적·사회학적 대극성을 내포하지 않는다. 조동례 시의 화자들은 대부분 한 순정 많은 아낙네로 그려진다. 그런데 그 순정 많은 아낙네의 가슴에 불심이 스몄나 보다. "헤어지자라는 말도/ 헤어지지 말자라는 말도/ 봄산에서는 통하지 않는다"고 하는 것은 그 순정 많은 아낙네의 귀에 불경소리가 심상치 않게 통했음을 여실히 보여주는 사례이다. '봄산'이 보여주는 저 생명의 원리에만 주목했다면 '떠나간 자여! 봄이 왔으니 그대도 내게로 돌아오라' 쯤 되어야 하지 않겠는가.

조동례 시에 투과된 불교적 사유라든가 분위기를 파악하는 것은 조동례 시를 제대로 감상하는 중요한 관건이 된다.

눈 감으니 어둡고
눈 뜨니 환하다

눈을 믿지 말아라

꽃 피니 기쁘고
꽃 지니 슬프다

생각을 믿지 말아라

마음 한번 여닫음에
세상이 뒤바뀌는 이치

覺自 할 일이다

─「각자」 전문

 밝음은 밝음이고, 어둠은 어둠인 줄 알았다. 생명은 생명이고, 죽음은 죽음인 줄 알고 살아왔다. 적어도 부처를 알기 전에는 그랬다. 그런데 어둠 없이 밝음이 있을 수 없고, 죽음 없이 생명이 있을 수 없다. 아니, 어둠이 없으니 밝음도 없고, 죽음이 없으니 생명도 없는 것이다. 어둠과 밝음의 기준선이 없으니 삶과 죽음의 기준선도 없는 것이다. "이것이 생하면 저것이 생한다"는 부처의 깨우침. 이 연기(緣起)의 법칙을 조동례가 받아들인 것은 아무래도 그가 삶의 어떤 번뇌에 시달리지 않았겠는가 하는 생각을 갖게 된다. 그의 생에 몰아쳤을 어떤 고통과 번뇌의 회오리

바람이 오히려 고통의 출발점인 무명(無明)에서 벗어나도록 인도했을 것이다. 그때부터 조동례는 시를 쓰지 않고 경(經)을 읽었을 것이다. 이후에도 그는 경을 읽을 것이고 아무래도 시와 경 사이의 오솔길을 홀로 걷게 될 것이다. 경은 깨달음(인식)이며 시는 몸짓(실천)인데 그는 어떤 깨달음으로 어떤 몸짓을 보여줄 것을 생각하는 것일까.

> 물들어간다는 것은
> 마음 열어 주변과 섞인다는 뜻이다
> 섞인다는 것은
> 저마다의 색을 풀어 닮아간다는 것이니
> 찬바람이 불 때마다
> 밀었다당겼다 밀었다당겼다
> 닫힌 마음이 열릴 때까지
> 서로의 체온을 맞춰가는 것이다
> 태양이 어둠을 받아들이는 것도
> 봄꽃이 사람들을 밖으로 불러내는 것도
> 마음이 닮아가는 것이고
> 마음이 닮았다는 것은 편하다는 것이고
> 편하다는 것은
> 너와 내가 하나가 되어간다는 것이다
> 네가 아프면 곧 내가 아프다는 것이다

─「물들어간다는 것은」 전문

 여기에 깨달음이 있다. "물들어간다는 것은/ 마음 열어 주변과 섞인다는 뜻이"라고 하는 것은 지금까지 자신이 주변과 섞이지 못했음을 고백하는 것이기도 하다. "봄꽃이 사람들을 밖으로 불러내는 것"도 실은 겨울산에서 헐벗은 나무들이 꽃을 피울 것인가를 설마하고 의심했을 사람들이 봄산에 와서 탄식과 함께 깨우치는 것이다. 딸이 어머니가 되고 할머니가 된다. 그러니 딸과 어머니와 할머니의 경계는 없다. 그 할머니는 곧 죽는다. 그러고 끝인가? 아니다. 유기질이 무기질로 환원한 것이고, 무기질은 유기질을 탄생시킨다. 그러니 죽음은 끝이 아니다. 새로운 시작이다. 그러니 도처에 있는 '너'는 '나'이고, 하나였던 '나'는 수많은 '너'이다. 나는 너다. '나'는 '너'에 반영된 '나'다. 조동례 시에 나타난 깨달음은 이렇게 심란한 사유법을 크게 벗어나서 아주 단순하고 간단하게 나타난다. 깨우침이 그래야 하는 것처럼.

　비우고 비워도
　티끌 같은 목숨은 남아
　거슬러 올라간 계곡 내려오면서 듣네
　낮은 곳으로 몸 섞으러 가는 물소리

―「가을 산사에서」 부분

이 세상으로 출하되어
한 사람의 절망도
일으키지 못한 채
내 피에 내가 데어
이미 산이 된 나여

―「생의 거처」 부분

나를 버리고
삼천대천 떠돌고 싶겠지
보이지 않는 저 밧줄을
끊을 수 있는 건 번개뿐이라는데
종일 비가 내려도 뜨지 않는 배

―「배」 부분

 위에 인용한 시편들을 보면, 조동례는 유한자로서의 인간의 한계에 대하여 깊은 슬픔을 갖고 있는 듯 싶다. 늙고 병들어 죽을 수밖에 없는 개체로서의 한 인간이 정직한 언어적 고백을 통해 나타났을 때 그 화자의 모습은 보는 이에게 깊은 페이소스를 갖게 한다. 이것은 깨달음의 반상에 앉아 깨우침의 사자후를 터뜨리는 覺者의 모습이 아니다.

아무리 끊어버리려해도 끊을 수 없는 무명과 무지와 미망 때문에 절망하는 모습은 차라리 인간이기에 지닌 아름다움이 아니겠는가. 시는 결국 그러한 영혼의 비참을 아프게 고백하는 것 아니겠는가. 그리하여 "나를 버리고/ 삼천대천 떠돌고 싶겠지/ 보이지 않는 저 밧줄을/ 끊을 수 있는 건 번개뿐이라는데/ 종일 비가 내려도 뜨지 않는 배"라고 하는 고백은 얼마나 아프게 아름다운가. 나는 오히려 그가 그 밧줄을 끊지 못하게 되기를 바란다. 밧줄을 끊고 배를 띄워 떠나버리면 내 영혼의 비참을 들어줄 이가 한 사람 줄어들게 될 테니 말이다.

조동례 시를 현재로부터 과거로 역순행적으로 읽어 들어가다 보니 그의 시가 과거로 갈수록 개인적 상처로 모아지는 듯하다. 물론 그 상처라는 것이 나약한 자아의 드러냄으로 표출되지 않고 일정한 시적 긴장을 유지하고 있다. 아마도 처음 시를 쓰게 되는 동기가 됐을 수도 있고, 또 처음 써 보는 시였을 텐데 이 정도의 수준을 보여줬다면 그는 이미 소위 시인이 되었어야 할 사람임에 틀림없다.

혼자다 사랑도 가고
혼자가 혼자에게 편지를 쓴다
뻐꾸기도 혼자 가야 하는 늦은 봄인데

울지 마라 혼자가 혼자가 아니라고
누군가가 네 아픔으로 아파할지 모른다
밤새 저를 비워 나를 쓰러뜨린 술병처럼
비울수록 외로운 게 너뿐이겠느냐
─「늦은 봄」 부분

모서리여,
뜨거운 첫마음이여
함부로 신음 뱉지 말아라
세상 무엇과도 부딪친 적 없는
생것 그대로다
마악 깨친 날카로움이다
─「주암댐에서」 부분

시방세계
종잡을 수 없이 피고 지는 사람아
아는가 꽃이 꽃이 되는 힘은
외로움을 견디는 일이라는 것을
─「낙화 유감」 부분

위의 시편들에서 볼 수 있듯이 조동례는 어떤 심리적·정시적 정왕을 직설적으로 말하지 않고 거의 대부분 사물의 이미지를 차용하고 있다. 이것은 지나친 감정적 표출을 제어하는 아주 유효한 언어적 전략이 아니겠는가. '늦은 봄'에서의 '술병'은 "비울수록 외로운 게 너뿐이겠느냐" 하며 시적 자아의 분신으로 나타나면서 외로운 자신을 객관화한다. 자칫하면 아주 상투적인 표현으로 떨어질 가능성이 높음에도 일정한 격조를 유지하게 하는 것은 시인의 주제에 대한 집중력이 언어적 응집력을 높여 발생할 수 있는 상투성을 상쇄했을 것이라 생각된다. '주암댐에서'에서의 '모서리'라든가 '낙화 유감'에서의 '꽃'의 이미지는 아주 유효적절하게 사용되면서 시의 완성도를 높이고 있다.

이제 다시 처음으로 돌아가야겠다. 나는 이 글의 제목 밑에 괴테가 한 말 "모든 이론은 회색이요, 오직 푸르른 것은 저 영원한 생명의 나무다"라는 말을 부제목으로 올렸다. 내 머리 속에 그런 생각이 있었는데 조동례 시를 읽게 되었는지는 정확하지 않다. 그러나 확실한 것은 조동례의 시를 읽으면서 괴테의 그 말을 계속 떠올리게 되었다는 것이다. 조동례 시인의 시업을 공식적으로 내외에 알리는 시집의 발문을 쓰면서 나는 그의 시인으로서의 출발을 축복해주고 싶었다. 왜냐하면 투기적 자본의 지배로부터 자유롭지 못한 한국문단이 조동례의 시인으로서의 출발을 눈

여겨 보지 않을 것이 거의 분명할 것이기 때문에 그렇다. 그의 시가 아름다울 수 있는 것은 외로운 것들과 함께 외로워할 수 있기 때문에 그렇다. 외로운 것들을 쓰다듬는 자는 실은 외로운 자가 아니다. 조동례는 누군가의 외로움을 위로하는 시를 쓰지 않았다. 자신이 외로움의 와중에 있기 때문에 외로운 줄도 모르는 것이다.

나는 그가 쓴 시가 시대의 페미니즘을 주도하는 강단 작가의 것이 아니라는 데 더 주목하고 싶다. 맨발로 산에 오르며 자신을 돌아본다든가, 아이에게 젖을 깨물리며 웃는다든가, 불교의 진리를 음담패설조로 얘기하는 모녀의 모습이라든가 하는 삶의 모습들을 때로는 천연자약하게 때로는 실연당한 슬픔으로 때로는 조용히 자신의 마음자리로 돌아와서 고백하는 조동례 시가 좋다. 생의 여로를 함께할 많은 도반들을 만나기 위하여 여기 민중 현자 한 사람이 세상으로 나간다.